JOURNAL Le Temps

THÉATRE DE CAMPAGNE

UN SALON D'ATTENTE

Comédie en un Acte

PAR M. CHARLES EDMOND

Personnages :

SULPICE — GONTRAN — LA MARQUISE DE KERKAREC — HERMANCE DE BOISFLEURY — M. DE BOISFLEURY — UN HUISSIER.

Salon d'attente au ministère des finances. Porte à droite et porte à gauche.

SCÈNE PREMIÈRE

Sulpice seul, puis l'huissier.

SULPICE, assis, les yeux fixés sur le plafond. La pendule sonne deux heures ; il se lève vivement, parlant avec un accent fortement méridional.

Deux heures ! et arrivé à dix !... Il y a quatre heures que je croque le marmot !... J'ai même eu le temps d'en croquer plusieurs ! (*Pause*.) Quand on a tailladé ensemble les bancs du même collége, l'on a beau être devenu ministre des finances, cela n'est pas une raison pour réduire ainsi ses camarades à l'état d'un meuble de salon d'attente !... Et dire qu'hier ça a été encore pis ! Je n'ai battu en retraite qu'après six heures de faction inutile !... Maudites heures, comment les exterminer ! Elles qui, il y a peu de jours, filaient si vite à Castelnaudary !... Principal commis à l'enregistrement, section de comptabilité, je passais doucement la vie à enregistrer, à compter !..., Ah ! que n'ai-je sous la main mes registres !... Rien !... pas même un bout de plume ni un chiffon de papier !... Un vieux petit compte, repris de mémoire, me ferait prendre patience !... Le tic-tac de cette sotte pendule pour toute distraction, et puis rien, rien, rien!... (*Il se jette dans un fauteuil.*) Voyons! si je vérifiais mon calcul d'hier! Ce serait toujours cela de gagné!... (*Examinant le plafond.*) Voici ma rosace. A nous deux! Quatorze palmes!... C'est bien quatorze?... Oui!... Chaque palme contient... une... deux... quatre... six, huit branches par côté... huit et huit, total, seize. Chaque branche à son tour se divise en... ça se complique... en deux, six, neuf, quatorze, dix-huit... dix-huit et six, vingt-quatre... vingt-quatre et encore ces trois petites, vingt-sept... vingt-sept feuilles!... Parfait!... Opérer ainsi en l'air, tient vraiment du prodige!... Il est vrai que le calculateur, c'est moi!... Nous avons dit : vingt-sept feuilles...

(*Entrée de l'huissier qui vient arranger le feu. Sulpice fait un bond.*) Le malheureux!... Il me la coupe au bon moment! (*A l'huissier.*) Voyons, mon ami, en ai-je encore pour longtemps ?

(L'huissier, la tête dans la cheminée, répond par un geste expressif qu'il n'en sait rien.)

SULPICE, avec autorité.

Quand je vous appelle : « mon ami », cela n'est pas pour abuser d'un mot banal. Il ne tient qu'à vous d'en ressentir les plus heureuses conséquences. Mieux que personne, je puis, au besoin, vous être utile auprès du ministre. Il est mon camarade de collège, il s'est souvenu de moi, il m'a laissé venir à Paris, le tout pour me combler, pour m'accabler de ses bienfaits. Il me tutoie!...

L'HUISSIER, dans la même posture.

Moi aussi. Pas plus tard que ce matin, il m'a dit : « Laurent, tu ne seras jamais qu'un imbécile. »

SULPICE, vivement.

Connaissance profonde des hommes! C'est par là qu'ont brillé les grands ministres, Richelieu, Colbert; de nos jours, Trifouillou, Beauminet et tant d'autres!... (*Se reprenant.*) Inventez donc un prétexte pour pénétrer dans son cabinet! Insinuez-lui que je suis toujours là, moi, son ami, son copain, Sulpice Bartel...

L'HUISSIER

Il a lu votre nom sur mon ardoise, M. Supplice...

SULPICE, l'interrompant.

Sulpice est mon nom ; supplice est ce que j'endure ici! (*Se reprenant.*) Allons! un brin d'inspiration et enlevez-moi à bras tendu cette audience!

L'HUISSIER

N'ayez crainte! vous passerez à votre tour. Son Excellence est jusqu'au cou dans les plus graves affaires. Si vous la voyiez!... La tête lui en fume!

SULPICE

Un volcan!... ou plutôt cette cheminée depuis que vous l'agacez si mal à propos.

L'HUISSIER, se redressant et d'un air superbe.

Je connais mon métier, monsieur! je le connais!... (*Il sort.*)

SULPICE, seul, se jetant dans un fauteuil.

Mort et damnation!... J'en ai encore pour deux heures au moins!... Reprenons notre calcul! Où en étais-je?... Le chiffre!... le chiffre!... L'aurais-je oublié?... Faudra-t-il tout recommencer?... Du calme!... Quatorze palmes, avons-nous dit, et dans chacune vingt-cinq feuilles par branche... (*Entrée vive de Gontran, à qui l'huissier vient d'ouvrir la porte.*)

SCÈNE DEUXIÈME

Sulpice, Gontran.

GONTRAN, se frotte les mains sans apercevoir Sulpice; en fredonnant:

Je le tiens, mon parrain!... je le tiens, mon parrain!... mon parrain, je le tiens!... (*Il se jette sur la chaise où Sulpice avait déposé son chapeau.*)

SULPICE, bondissant.

Miséricorde!...

GONTRAN, levé et contemplant son œuvre.

Un Gibus!... du premier coup!

SULPICE

Une galette!

GONTRAN

Ah! monsieur, vous me voyez navré, exaspéré contre moi-même! laissez-moi vous offrir mes excuses! Vous me le permettez, n'est-ce pas? Votre regard, la noble expression de vos traits, votre personne tout entière me rassurent. Ils trahissent la douceur, l'aménité, une indulgence sans fond! Vrai, je suis désolé!

SULPICE

Et moi donc!... Un chapeau tout neuf!

GONTRAN

Un coup de fer et il n'y paraîtra guère. Je vous conduirai chez mon chapelier... à deux pas d'ici.

SULPICE, désarmé.

Vous êtes bon enfant, vous. Touchez-là! (*Il lui donne la main.*)

GONTRAN

Dites maladroit, brutal! Et cela un jour où mon cœur déborde, où je n'aurais pas voulu faire éternuer une mouche! Au contraire!... Il m'arrive un si grand bonheur! Je serais si heureux d'en distribuer autour de moi la monnaie! Et tenez, cher monsieur, vous étiez ici pour affaires, vous attendez l'audience. Puis-je vous être utile auprès du ministre? Disposez de moi; je suis son filleul.

SULPICE

Et moi son camarade de collége. Il me tutoie.

GONTRAN

Tous deux alors nous sommes de la maison. Comment se fait-il que je ne vous aie jamais rencontré aux réceptions?

SULPICE

Je ne bouge pas de Castelnaudary, où je suis premier commis à l'enregistrement. Je n'avais jamais songé à venir à Paris, lorsqu'un beau matin, la *Borne*, journal de la préfecture, nous apprit l'élévation de mon ancien camarade au poste de ministre des finances. Je n'en fus point surpris; sur les bancs du collége, la future Excellence avait déjà l'habitude d'emprunter à chaque instant quelque chose à ses petits amis. Le hasard voulut que, le même jour, je fusse en proie à un de mes accès de congestion plus lancinants que d'ordinaire, et contre lesquels le rond sur lequel je m'installe avait depuis longtemps fini par n'être qu'un palliatif dérisoire. Je me transportai non sans peine chez mon médecin. « La vie sédentaire, me dit ce prince de la science, vous tuera. Tâchez de vous procurer un régime d'exercice, de circulation incessante, et vous êtes sauvé. » Quelques instants après, une inspiration de génie me déblayait la voie du salut. Un poste dans les douanes devenait vacant, poste militant, pédestre et équestre, jamais assis. C'était mon affaire. Une nuée de concurrents se précipita à la curée. L'administration, la magistrature, l'armée, les députés, le clergé, chacun présentait son candidat. Je n'avais pour moi qu'un camarade de collége, mais ce camarade était ministre! Je lui écrivis; il me permit de venir déposer à ses pieds ma supplique, et me voici. L'affaire doit se décider aujourd'hui dans la journée. Demain matin, ce soir même, il serait trop tard. Depuis trente ans que nous nous sommes perdus de vue, le grand homme ne m'a pas oublié! Et il me recevra à bras ouverts, j'en ai la ferme conviction. N'est-ce pas votre avis, à vous qui le connaissez mieux, qui êtes son filleul?...

GONTRAN

Mon parrain est un homme *chic* dans toute l'immensité du terme.

SULPICE

Il chique?...

GONTRAN

Cela veut dire un homme absolument parfait.

SULPICE

Je l'avais bien compris. Histoire de lancer son petit mot. Le français élégant, panaché, on en pince aussi bien à Castelnaudary qu'à Paris. Vous disiez?...

GONTRAN

Je disais que mon parrain était un homme plus que parfait. Du génie en affaires, de la grâce en société, et, avec cela, malgré ses vastes préoccupations, toujours le mot pour rire.

SULPICE

Au collége, c'était déjà un farceur hors concours.

GONTRAN

Portefeuille et gaieté, telle est sa devise. Jugez-en plutôt. A l'époque où on l'avait bombardé ministre, j'étais justement en train de subir une formidable crise...

SULPICE

Une maladie?...

GONTRAN

Pis que cela. Une déveine carabinée! Dans l'espace de deux ans, à la suite d'une foule de placements malheureux... Ah! les femmes de Paris!... Si vous les connaissiez!...

SULPICE

Je le voudrais bien.

GONTRAN, continuant.

Ajoutez à cela des paris à rebrousse-poil aux courses, plus une guigne au baccarat comme on n'en avait pas vu depuis la création du monde; bref, ma fortune tombée en proie à une meute d'insatiables créanciers! Oui, monsieur! insatiables est le mot. A l'heure qu'il est, non contents de m'avoir désossé, ils me traquent encore, ils hurlent après mes chausses! Où donner de la tête? Il fallait pourtant vivre. Mon parrain ayant escaladé un des principaux sommets du pouvoir...

SULPICE

Dites le principal!

GONTRAN

Je dis le principal... un nouvel horizon s'ouvrit devant moi. Abandonnant la route battue des plaisirs pour le sentier aride du devoir, j'ai arrêté le projet de servir mon pays.

SULPICE

C'est beau, c'est digne. Continuez...

GONTRAN

Oui, servir mon pays, mais à charge de revanche de la

part du gouvernement. Mon parrain tenait les clefs de la caisse. C'est donc à lui que j'ai héroïquement formulé ma demande d'emploi. Il fut d'abord pétrifié. Peu à peu, il reprit ses sens et proféra le discours suivant : « Vos intentions, ô Gontran, méritent un éloge sans réserve. Pour les réaliser seulement, j'entrevois une difficulté qui, à première vue, me paraît insurmontable. Depuis votre berceau, il vous a manqué deux choses : la volonté et l'aptitude. Vous n'avez pas travaillé et, conséquemment, n'avez rien appris. A quoi êtes-vous propre? de quel emploi désirez-vous être investi?... Vous l'ignorez tout le premier... Si je suis dans l'erreur, essayez de m'en convaincre. Cherchez vous-même, inventez les fonctions que vous seriez capable de remplir! Le jour où vous les aurez découvertes, je vous promets de signer à l'instant votre arrêt de nomination. »

SULPICE

Quel homme prodigieux!...

GONTRAN

Ah! je ne vous dissimulerai pas qu'il m'a donné du fil à retordre. Pendant deux mois, je me suis livré à une chasse opiniâtre dans tous les recoins de son ministère. Toujours buisson creux, toujours bredouille! Avant-hier, au moment où je m'y attendais le moins, moi aussi, comme vous, je fus illuminé d'une inspiration soudaine. J'avais enfin déniché le merle blanc! Je le tiens, et je compte à l'instant le présenter à son Excellence, en échange de sa signature, à brûle-pourpoint.

SULPICE

Serait-ce indiscret?

GONTRAN

Pas du tout. C'est tout simplement une mission.

SULPICE

Où cela?

GONTRAN

A la Havane.

SULPICE

En quelle qualité?...

GONTRAN

Dégustateur de cigares.

SULPICE

Diable!

GONTRAN

La régie achète tous les ans à la Havane des quantités énormes de tabac. Elle y envoie à cet effet des experts, des connaisseurs de premier ordre. Or, tel que vous me voyez, les yeux fermés, je vous distingue un londrès d'un panatellas, un régalia d'un trabucos, que c'est une bénédiction! De plus, une trentaine de cigares à déguster par jour ne me font pas peur. C'est mon parrain qui va être surpris!

SULPICE, lui tendant la main.

Mes compliments! Touchez là encore! Contributions indirectes et douanes, nous naviguons de conserve.

GONTRAN

Et dans une heure nous allons hisser toutes nos voiles! Ah! un mot! un bon conseil!... Puisque c'est vous qui pénétrez le premier, ayez soin dans la conversation avec le ministre de lui glisser que son filleul, Gontran de Fishtaminel, votre ami, entendez-vous, votre ami, est là à faire pied de grue dans le salon. Cela ne pourra pas vous nuire; croyez-moi!

SULPICE

C'est entendu. De votre côté, prenez la peine d'insinuer à Son Excellence que votre ami, attendez donc, vous ne connaissez pas mon nom, que votre ami, Sulpice Bartel, vous espère dans le salon pour le conduire chez le chapelier. Je ne vous dis que ça!... (*Entrée solennelle de la marquise de Kerkarec. L'huissier l'introduit.*)

SCÈNE TROISIÈME

Sulpice, Gontran, la Marquise.

LA MARQUISE, d'un ton d'autorité à l'huissier.

Passez-lui ma carte, vous dis-je. La marquise de Kerkarec. Il ne serait pas ministre, s'il ignorait à quelle maison, en ma personne, il a affaire.

L'HUISSIER

Je vais transcrire votre nom, madame, sur mon ardoise. C'est le règlement.

LA MARQUISE

Il me semble, Dieu me pardonne, que vous me répondez. Conformez-vous à mes paroles et pas d'observations. (*L'huissier, la tête basse, entre chez le ministre. La marquise à Sulpice et à Gontran.*) Ce maraud a été nourri, mais pas élevé. Il ne se doute pas que lorsqu'on a du monde comme vous me paraissez en avoir, messieurs, on bénit l'occasion qui vous permet de faire acte de courtoisie envers une femme. Vous ne consentiriez jamais à passer avant moi?...

GONTRAN

Certainement, madame... à moins que des circonstances...

SULPICE, achevant.

Fort impérieuses ne nous missent dans la nécessité...

LA MARQUISE, vivement.

Merci. Je ne m'attendais pas à moins de votre galanterie. Du reste, je n'abuserai pas de votre patience. Une petite heure me suffira, et au delà, pour en finir avec le ministre...

GONTRAN

Une heure !...

SULPICE, à part.

Elle est sourde !... (*Criant.*) Voilà deux jours, madame, que je guette une minute d'audience... une minute, pas davantage !...

LA MARQUISE

J'entends bien. Des affaires personnelles ! question de faveur, d'avancement, qui ne regarde que vous...

GONTRAN, à part.

Sourde... comme un pot à tabac ! (*Criant.*) Je suis à la veille de m'embarquer... pour la Havane !

LA MARQUISE

Oui, arrivée de ce matin, et, ce soir même, je repars pour Quimper. Le temps d'accomplir une bonne action et sauver l'honneur de mon pays.

GONTRAN, frappé d'une idée.

Cette vénérable dame fume !... La régie seule peut susciter une aussi noble indignation !...

SULPICE, criant.

J'ai une foule de concurrents à mes trousses. Une minute de retard peut me perdre !

LA MARQUISE, à Sulpice.

Cela vous étonne ? Eh bien, oui, monsieur, sauver l'honneur du pays, et grand Dieu ! avec si peu de chose : un modeste bureau de tabac !

GONTRAN, criant.

Attendez que je sois arrivé à la Havane ; je vous expédierai des cigares, garantis et dégustés !...

LA MARQUISE, à Gontran.

Oh ! ce n'est point un secret. Oui, un bureau de tabac, il n'en faut pas davantage pour tirer de la misère le dernier rejeton d'une illustre race royale. Les ancêtres du prince Popoca ont jadis régné sur le Mexique. Il serait trop long de vous raconter par suite de quels bouleversements, de quelles horreurs, — hélas ! nous en avons vu bien d'autres chez nous ! — le prince Popoca, grâce au dévouement de sa nourrice, une négresse pourtant, échappa au glaive des sicaires et fut conduit en France. Fier, comme il sied aux produits des races souveraines, il n'implora l'appui de personne. Fidèle à sa devise : « Dieu et mon droit, » il vécut de son travail, et, observant le plus strict incognito, il daigna, en dernier lieu, tenir un débit de sardines à Quimper, rue des Récollets.

Mais la fortune se montra jusqu'au bout animée envers lui de sentiments subversifs. Peu avant la pêche de cette année, l'Anglais, l'étranger perfide, attira vers lui la sardine, et Son Altesse se trouve réduite aux abois. Des créanciers saisirent le peu qui lui restait : quelques hardes, onze boîtes en fer blanc, et des papiers révélant son auguste origine.

GONTRAN

Des créanciers !... lui aussi !..

SULPICE, criant.

Et vous voudriez replacer Popoca sur le trône de ses aïeux ?...

LA MARQUISE

En effet, la nourrice est morte ; il est seul au monde. En attendant que ses sujets, revenus à résipiscence, et prosternés à ses pieds, lui rendent la pourpre et le diadème, il lui faut du pain, le pain quotidien, au besoin hebdomadaire. Un comité formé de plusieurs dames charitables s'est réuni pour aviser. Il expédia au prince Popoca une députation avec ordre de pressentir de quelle façon nous pourrions lui être utiles. La réception fut majestueuse. Son Altesse, avec cette noble discrétion qui distingue les hommes de haute lignée, déclara qu'elle réclamait avant tout d'être réintégrée dans ses droits traditionnels, mais, à défaut d'iceux, qu'elle se contenterait pour le moment d'un bureau de tabac. J'ai eu l'honneur d'être choisie à l'unanimité pour aller négocier cette affaire avec le ministre.

GONTRAN, criant.

Son Altesse, en débitant rien que des régalias, ne dérogerait point.

LA MARQUISE, indignée.

Une faveur !... vous appelez une faveur ce qui n'est qu'un misérable à-compte sur une dette sacrée que la France doit à ses traditions, à ses principes, au rang qu'elle tient dans le monde !... Une faveur ! c'est plutôt ce descendant légitime d'une race royale qui nous la rend, en daignant agréer nos services, en nous permettant d'affirmer une fois de plus que nous n'avons pas dégénéré de nos pères et que l'avenir est à nous ! Et le ministre, s'il est quelqu'un, sera de mon avis. N'en doutez point ! Vous m'attendez ici ; c'est convenu. A ma sortie, vous serez libres de vous réjouir du succès de ma démarche.

GONTRAN, criant.

Nous nous en réjouissons par avance !

SULPICE, criant.

Et cela nous suffit !

LA MARQUISE

Je ne vous refuse pas un mot d'appui auprès du ministre. De quoi s'agit-il ?

GONTRAN

Un instant!... (*Il tire vivement son calepin, écrit quelques mots et les présente à la marquise.*)

LA MARQUISE

Que veut dire ceci?...

GONTRAN, criant.

Lisez!... lisez!...

LA MARQUISE, lisant.

« Demande passer mon tour. Suis pressé. »

SULPICE, avec force gestes.

Moi aussi!

LA MARQUISE

J'aurai donc parlé à des sourds!... Et moi qui m'époumonne depuis une heure!... (*Criant.*) Votre servante, messieurs! Pas n'est besoin de discuter davantage! Le ministre, en homme bien élevé, au courant des préséances, saura quelle est la personne qu'il doit recevoir avant toutes les autres! Or, je lui ai fait passer mon nom. (Entrée de l'huissier. Pendant que la marquise se dirige vivement vers lui, Gontran et Sulpice empoignent deux chaises et s'installent chacun d'un côté de la porte d'entrée chez le ministre.)

LA MARQUISE, à l'huissier.

Que vous a dit Son Excellence?

L'HUISSIER

Rien pour le moment. Son Excellence est jusqu'au cou dans des affaires extrêmement graves. (*Il sort.*)

LA MARQUISE, à Sulpice et à Gontran, criant.

Vous l'avez entendu? Je passe la première. Le monde jusqu'ici n'est encore que bouleversé, et il faudrait en vérité qu'il fût renversé de fond en comble...

(Entrée d'Hermance.)

SCÈNE QUATRIÈME

Les mêmes, Hermance de Boisfleury.

(En apercevant Gontran, elle rabat la voilette de son chapeau.)

GONTRAN, qui avait déjà reconnu Hermance, se lève et court à elle.

Madame de Boisfleury!... quel heureux hasard!...

(La marquise se précipite vers la chaise abandonnée par Gontran et s'y installe en jetant des regards menaçants à Sulpice.)

GONTRAN, à Hermance, avec un sourire galant.

Pas en solliciteuse, j'espère?... Ici comme partout, vous n'avez qu'à donner des ordres...

HERMANCE, troublée.

Si... une affaire de famille... m'oblige...

GONTRAN, vivement.

Les oreilles ont dû joliment vous tinter ce matin?...

HERMANCE

A quel propos?...

GONTRAN

J'ai déjeuné avec Arthur de Saint-Phar... N'est-il pas un peu votre cousin?...

HERMANCE

Non... oui... c'est-à-dire parent fort éloigné... par alliance...

GONTRAN

Il n'a fait que parler de vous. Pauvre garçon! il se consolait en récitant des dithyrambes suaves en votre honneur.

HERMANCE

Consolait... de quoi?...

GONTRAN

Vous ne savez donc pas?... Lui, le Parisien à outrance, forcé de quitter Paris, de s'exiler au loin, dans une triste ferme de la Camargue! Ses affaires le lui commandent.

HERMANCE

Il regrette Paris?...

GONTRAN

Et autre chose encore! Mais ceci est un secret...

HERMANCE

Je vous écoute...

GONTRAN, à mi-voix.

Arthur se meurt d'amour, mais il serait bien aise de ne mourir qu'à Paris.

HERMANCE

D'amour... Pour qui?...

GONTRAN

Qu'en sais-je!... Il est discret comme une tombe, et malheureux comme une pierre... également sépulcrale.

HERMANCE, tordant son mouchoir et à part.

Il ne partira pas...

GONTRAN, continuant.

Un instant il avait rêvé de pouvoir respirer le même air que son idole. C'est tout ce qu'il ambitionnait... pour le moment...

HERMANCE

En vérité!...

GONTRAN, continuant.

Il caressait l'idée d'obtenir une petite recette particulière à Saint-Denis...

HERMANCE, à part.

Il l'aura.

GONTRAN, continuant.

Mais il paraît qu'une file interminable de candidats, appuyés par toutes les puissances de la terre, fait déjà queue à la porte du ministère.

HERMANCE, vivement.

Qu'importe !...

GONTRAN

Vous dites, madame ?...

HERMANCE, se reprenant.

Je dis que vous me surprenez beaucoup. M. de Saint-Phar ne nous a jamais parlé de son projet. Il se sera apparemment rendu compte de l'inutilité d'une tentative de sa part.

GONTRAN

Il a eu grand tort de n'en parler à personne... Que diable! on a des amis! Moi le premier, je lui eusse offert mes services. Le ministre est mon parrain. Il me veut du bien, et aujourd'hui même, il doit m'en fournir la preuve. Tenez! dans une minute je compte le voir. Si j'en profitais pour lui exposer carrément la demande d'Arthur!... Qu'en pensez-vous ?...

HERMANCE

Vous a-t-il autorisé à parler en son nom ?...

GONTRAN

Ce serait pour lui une surprise.

HERMANCE

Gardez-vous-en !... Il se peut que votre ami ait déjà chargé quelqu'un de présenter sa demande, dans un certain sens... de s'assurer par exemple d'abord des dispositions du ministre...

GONTRAN

Vous croyez ?...

HERMANCE

Je n'en sais rien... une idée qui me passe par la tête...

GONTRAN

Vous pourriez avoir raison...

(Entrée de Boisfleury.)

HERMANCE, l'apercevant et à part.

Mon mari !... Je suis perdue !...

SCÈNE CINQUIÈME

Les mêmes, Boisfleury.

BOISFLEURY

Ma femme !... (*L'entraînant dans l'embrasure d'une fenêtre.*) Corbleu, madame, que faites-vous ici ?...

HERMANCE, troublée.

Moi...

BOISFLEURY

N'est-ce pas vous que j'interpelle?...

HERMANCE, de même.

Cette question...

BOISFLEURY

Me paraît fort simple...

HERMANCE, cherchant.

Vous voulez savoir?...

BOISFLEURY

Absolument.

HERMANCE, de même.

Eh bien!... devinez...

BOISFLEURY

Cette plaisanterie!...

HERMANCE, souriant.

Cela n'est pourtant pas difficile.

BOISFLEURY, radouci.

Quoi donc?... (*Après réflexion.*) Au dernier bal de l'Hôtel de Ville, le ministre nous avait comblés de ses attentions... Vous surtout...

HERMANCE

Vous brûlez...

BOISFLEURY

Pendant que j'étais en train de causer avec le syndic des agents de change, ne vous a-t-il pas dit, à mi-voix, que si jamais il pouvait vous être utile ou agréable, il serait heureux de se mettre à votre disposition?...

HERMANCE, vivement.

Vous l'avez entendu?...

BOISFLEURY

J'ai des oreilles de lynx...

HERMANCE

C'est vrai. Il a été on ne peut plus aimable.

BOISFLEURY

Vous venez alors pour vous convaincre si sa bonne volonté résistera à l'épreuve? Mais à quel propos?...

HERMANCE, cherchant.

A quel propos...

BOISFLEURY

Oui.

HERMANCE, vivement.

N'avons-nous pas des parents qui ne sont pas heureux?...

BOISFLEURY, sentencieux.

Personne ne l'est en ce monde, surtout ceux qui à leurs propres infortunes ajoutent les malheurs des autres.

HERMANCE

Si pourtant on peut leur venir en aide...

BOISFLEURY

Par de bons conseils, je ne dis pas...

HERMANCE

La pauvre Gudule, une de Boisfleury, à ce qu'elle prétend...

BOISFLEURY, vivement.

Distinguons ! Boisfleury tout sec ; pas de Boisfleury !

HERMANCE, continuant.

Vous savez qu'elle a perdu son mari, qui a été employé à l'octroi, et qu'aujourd'hui on lui refuse une pension, ou plutôt qu'on la réduit à un chiffre désolant...

BOISFLEURY, vivement.

Et c'est pour quémander en faveur d'une pauvresse qui nous humilie avec ses prétentions à notre parenté, que vous venez molester le ministre !...

HERMANCE

Puisqu'il m'a offert lui-même ses services...

BOISFLEURY, de même.

Il vous les a offerts à vous... pour vous, et pour moi !... Et c'est lorsque j'ai besoin de tout son appui que vous allez user sa bonne volonté au profit du premier venu !.. Corne de bœuf ! elle est trop forte celle-là !...

HERMANCE

J'ignorais...

BOISFLEURY

Il fallait me prévenir !... Je vous eusse initi à mes projets à moi, qui sont immenses !...

HERMANCE

Des projets !...

BOISFLEURY

Un projet qui à lui seul sauve la France, et d même coup fait ma fortune ! Le pays étouffe, il agonise sous la charge de sa dette publique. J'ai trouvé le moyen de la lui alléger. En réduisant l'intérêt de la rente. (*Tirant un pli de sa poche.*) Voici l'exposé dans tous ses détails ! Opération fort simple ; je me charge de la mener à bonne fin... moyennant une légère commission. Au ministre maintenant d'adopter mes idées, de se passionner pour elles !... Comprenez-vous ?...

HERMANCE

Pas grand'chose...

BOISFLEURY

Puisque vous voilà ici, nous pénétrerons ensemble chez Son Excellence ! Vous serez censée lui faire une visite de politesse, et n'aurez qu'à m'écouter...

HERMANCE

Que j'assiste, moi, à une discussion sur les finances, entre vous et le ministre !... Cela serait tout bonnement ridicule.

BOISFLEURY

Une femme au bras de son époux n'est jamais ridicule.

HERMANCE

Permettez-moi de me retirer ; je reviendrai seule... un autre jour.

BOISFLEURY

D'accord ; mais aujourd'hui vous resterez. Qui sait si cela n'est pas ma chance... une chance... d'homme né coiffé qui vous a conduite ici !

HERMANCE

Laissez-moi partir... je vous en supplie !... (*Elle se dirige vers la porte.*)

BOISFLEURY, la poursuivant.

Hermance ! écoute la voix de la raison !... du devoir !...

(En ce moment, la porte s'ouvre à deux battants. Un monsieur grave, vêtu de noir, cravaté de blanc, un énorme portefeuille sous le bras, suivi de l'huissier qui l'accompagne, l'échine courbée, entre majestueusement. Il promène un regard hautain sur les assistants et pénètre dans le cabinet du ministre. La porte une fois refermée, tout le monde se précipite vers l'huissier.)

LA MARQUISE, à l'huissier.

Un quidam qui ose prendre le pas sur moi !

SULPICE, à l'huissier.

Depuis deux jours que je sèche sur pied !...

GONTRAN, à l'huissier.

Pareille humiliation infligée à moi, le filleul !...

BOISFLEURY, à l'huissier.

Quel est donc ce monsieur qui s'introduit ainsi sans façon ?

L'HUISSIER

Ce monsieur, c'est le nouveau ministre... l'Excellence toute neuve... le successeur de l'ancien.

GONTRAN

Et mon parrain ?...

L'HUISSIER

Dégommé, depuis cinq minutes... Il a filé par l'escalier de service.

SULPICE

Miséricorde !...

GONTRAN

Malédiction !...

SULPICE

J'aurais dû m'en douter. Cancre il a été au collége, cancre il restera toute sa vie ! (*Brandissant aux yeux de Gontran son chapeau aplati.*) En avant chez le chapelier !...

GONTRAN

Quitte à déguster ensuite un infime cigare de la régie.

HERMANCE, à part.

Arthur quittera Paris. Cela vaut peut-être mieux...

BOISFLEURY

Allons ! l'hydre des révolutions relève la tête !...
(Tous, la tête basse, sortent processionnellement. Restent seuls, la marquise et l'huissier.)

LA MARQUISE

Ils ont compris qu'ils devaient me céder la place. (*A l'huissier, lui donnant une petite pièce de monnaie.*) Rappelez encore mon nom au ministre !...

L'HUISSIER, empochant la pièce.

Son Excellence ne reçoit pas aujourd'hui...

LA MARQUISE

Puisqu'il ne s'agit que de quelques minutes, j'attendrai.
(Elle s'installe dans un fauteuil. L'huissier fait un geste de désespoir. Entrée violente de Sulpice.)

SULPICE, à l'huissier.

Troun de l'air !... Mais je le connais, votre nouveau ministre, et mieux encore que l'ancien ! Ce doit être le même à qui mon beau-frère Cazaban vend de l'huile !... Prévenez-le que c'est bien lui que j'espère ici depuis deux jours !... (*Il se jette dans un fauteuil.*)

L'HUISSIER, sortant et à part.

Si j'allais chercher la garde !...

La toile tombe.

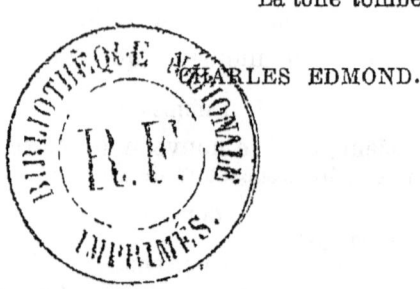

CHARLES EDMOND.

Paris. — Ch. Schiller, imprimeur breveté, Faub. Montmartre, 11.

www.ingramcontent.com/pod-product-compliance
Lightning Source LLC
Chambersburg PA
CBHW070438080426
42450CB00031B/2722